SOMMAIRE :

1. Les 10 bienfaits de la soupe
2. Soupe d'aspèrges
3. Bouilloire Crème De Brocoli Soupe
4. Soupe de chou-fleur
5. Soupe Aux Tomates Et Poivrons Rouges Au Basilic
6. Soupe Minceur à la Courge Butternut du Monde
7. Soupe au céleri
8. Soupe aux pois à la menthe
9. La soupe aux légumes méditerranéenne ultime
10. Ma délicieuse soupe aux choux
11. Soupe aux restes du dîner rôti
12. Salade Soupe
13. La soupe à la dinde ultime
14. Soupe crémeuse aux panais

15 Soupe Grecque Citron Poulet
16 Soupe Minestrone Maison
17 Curry de légumes thaï super simple
18 Soupe De Courgettes
19 Soupe a la bière et au fromage
20 Soupe végétalienne ultime aux lentilles
21 Soupe de nouilles au poulet
22 Soupe froide aux tomates
23 Soupe Brocoli & Stilton
24 soupe à la citrouille
25 soupe aux champignons
26 soupe au poulet
27 soupe de patate douce
28 Soupe portugaise aux haricots verts et aux carottes
29 Soupe Minceur World Speed
30 Soupe Minceur Carottes & Coriandre du Monde

31 Soupe aux tomates et basilic
32 soupe de patates et poireaux
33 Soupe aux poivrons rouges et au piment
34 Soupe aux pommes et panais
35 Soupe de patates douces et piments rouges
36 Soupe aux carottes et coriandre
37 Soupe à la courge Butternut
38 Soupe de pâtes bolognaise
39 Soupe au poulet facile
40 Soupe de panais au curry
41 Soupe aux haricots noirs et patates douces
42 Soupe Tortilla Mexicaine
43 Soupe aux haricots épicés
44 Soupe de pommes de terre espagnole
45 Soupe aux canneberges et aux pommes

Les 10 bienfaits de la soupe

En hiver, rien n'est plus chaud que de boire une bonne soupe. Bien sûr, il ne grandit peut-être pas comme les enfants le croient, mais il a de nombreuses autres vertus bien réelles. Découvrez 10 bonnes raisons d'inclure la soupe dans vos repas !

• Hydratante :

La soupe de légumes équivaut à 2 petits verres d'eau. Par conséquent, il aide à prévenir la sécheresse causée par le chauffage de l'appartement en hiver. Il est plus intéressant de privilégier au maximum la soupe maison à base de légumes frais ou surgelés.

Même si la teneur en sel a considérablement diminué au cours des 10 dernières années, méfiez-vous des soupes ou des briques déshydratées qui contiennent beaucoup de sel. Attention à bien surveiller la teneur en sel sur l'étiquette : plus d'1 gramme par assiette, c'est beaucoup !

- ## **Hypocalorique :**

Légère, la soupe est une amie du régime amaigrissant. Selon la recette, les calories d'une assiette de 250 grammes sont comprises entre 50 et 150 calories. Le plus léger est à base de plantes et ne contient ni amidon ni graisse. Il est préférable de l'ajouter vous-même, car le fromage ou la crème ont une qualité nutritionnelle supérieure. Mais attention et gardez vos mains légères, car le beurre, la crème ou le bacon augmenteront rapidement la valeur calorique ! Pour ajouter de la saveur, il suffit d'utiliser des épices. Par exemple, essayez la soupe aux tomates, au fenouil et aux graines de pavot. Au final, il a bon goût, avec presque aucun apport calorique.

• Conviviale :

En effet, la soupe peut réchauffer le corps. Mais cela a aussi réchauffé l'atmosphère. Servi dans un beau bol à soupe, il rappelle un repas de famille d'enfance. Ici, il symbolise le partage et la joie. En effet, la joie favorise la variété des plats et une alimentation équilibrée !

• Séduisante :

La soupe a l'avantage de plaire à tout le monde, y compris les enfants et les personnes âgées ! Il a sa place dans tous les repas. Tous les légumes peuvent être cuits. Les enfants adoreront ceux aux carottes, qui ont un goût très sucré. Il peut également être servi dans un dîner chic, ou même à l'apéritif, le mettre en verrines. Il suffit de saupoudrer la soupe de garnitures croustillantes, comme des chips de légumes, des graines ou du maïs soufflé... plus un peu d'herbes et d'épices et le tour est joué !

• Drainante :

Les soupes de légumes verts sont fortement recommandées, notamment celles à base de brocoli, haricots verts ou poireaux pour une cure détox. Leur teneur en potassium favorise le drainage. La soupe verte est détoxifiante ! Les puristes peuvent ajouter des artichauts.

• **Equilibrante :**

Un bol de soupe fournit l'une des 5 portions de légumes par jour. Si la soupe contient des protéines : dés de jambon, crevettes, nuggets de poulet, viande de Gribbins ou œufs pochés, on peut bien faire un repas complet. Ajoutez des produits laitiers comme du fromage râpé ou fondu. Vous pouvez choisir de l'amidon pour le dîner, mais des vermicelles, des céréales ou des cubes de pain faits maison peuvent aider à le fixer. Vous pouvez également ajouter des bâtonnets de légumes frais. Pour un dîner copieux, si la soupe ne contient pas de produits laitiers et de fruits frais ou de conserves, il suffit d'ajouter du yaourt.

• **Laxative :**

Les fibres végétales ne sont pas toujours bien tolérées dans les crudités et deviendront molles à la cuisson.

Les légumes deviennent très faciles à digérer et la fibre devient molle, ce qui la rend facile à transporter sans irritation. Je recommande particulièrement la soupe de poireaux et de légumes anciens (panais, topinambour, etc.) !

• **Protectrice :**

La soupe est bonne pour nos artères et les légumes contenus dans la soupe aideraient à prévenir les maladies liées au surpoids et à certains cancers. Les légumes sont en fait riches en antioxydants, comme le bêta-carotène. L'élément protecteur de soufre du chou et de l'oignon a un effet protecteur spécial. Toutes les fibres aident à réduire le cholestérol. Par conséquent, les légumes aident également à lutter contre les maladies liées au syndrome métabolique, à savoir l'hypertension, le diabète et l'hypercholestérolémie.

• **Reminéralisante :**

Toujours grâce à ses légumes, c'est un gisement de minéraux et de vitamines anti-fatigue. Lorsqu'il est associé à des carottes, de la citrouille et du cresson, il peut fournir du β-carotène.

A marier avec des haricots verts ou des courgettes, riches en magnésium. La tomate est un concentré de minéraux. Vous pouvez ajouter des amandes grillées avant de servir. Ils fournissent non seulement des graisses de haute qualité, mais aussi 19 minéraux et oligo-éléments.

• **Satiétogène :**

La soupe s'est avérée « satisfaisante », ce qui signifie qu'elle vous fera vous sentir rassasié. Il reste le même, grâce à sa teneur en eau, mais surtout, grâce à la fibre des légumes. Un bol de soupe fournit 10 à 25 % de l'apport quotidien recommandé en fibres. Ces bourrelets et participent à la satiété. Dans ce cas, la soupe agit comme un coupe-faim naturel.

 2 P.

 26 min.

 05 min

Soupe d'asperges

INGRÉDIENTS

- 300 g d'asperges
- 1 petit oignon
- 1 bâton de céleri
- 1 carottes moyennes
- 3 gousses d'ail
- 1 cuillère à soupe de thym
- Sel poivre
- 1 Cube OXO Légume en option

PRÉPARATION

1- Coupez vos asperges en trois et placez-les dans votre sorbetière.

2- Épluchez et émincez votre oignon, céleri, carotte et ail.

3- Chargez-les dans la machine à soupe avec 400 ml de bouillon de légumes et vos assaisonnements.

4- Placez le couvercle sur votre machine à soupe et faites cuire pendant 26 minutes sur le réglage gros.

5- Lorsqu'il émet un bip, réservez quelques pointes d'asperges pour le dessus et mélangez le reste.

6- Servir chaud avec votre pain préféré.

 ASTUCE

Pas besoin de râper votre ail. Il suffit de le peler et de le couper en deux, puis une fois la soupe mélangée, elle fera le travail difficile pour vous.
Si votre machine à soupe a un mauvais mélangeur, utilisez un mélangeur à main sur votre machine à soupe et faites simplement cuire votre soupe sur le réglage gros.

Nutrition

Calories : 82kcal | Glucides : 17g | Protéines : 5g | Matières grasses : 1g | Gras saturés : 1g | Sodium : 369mg | Potassium : 520mg | Fibres : 5g | Sucre : 7g | Vitamine A : 6396 UI | Vitamine C : 21mg | Calcium : 81mg | Fer : 4mg

- **Veuillez noter : les valeurs nutritionnelles sont notre meilleure estimation basée sur le logiciel que nous utilisons chez Recipe This et sont conçues comme un guide. Si vous comptez sur eux pour votre alimentation, utilisez votre calculateur de nutrition préféré.**

2 P.

28 min.

5 min

Crème De Brocoli Soupe

 INGRÉDIENTS

- 8 gousses d'ail
- 750 g de brocoli surgelé
- 480 ml de bouillon de légumes
- 400 g de parmesan râpé
- 200 g de fromage à pâte molle
- 2 cuillères à café de thym
- 2 cuillères à café d'origan
- Sel poivre

 PRÉPARATION

1- Épluchez vos gousses d'ail. Placer les gousses d'ail entières, le brocoli surgelé, les assaisonnements et le bouillon dans la machine à soupe.

2- Placez le couvercle sur votre machine à soupe et faites cuire sur le réglage de la soupe lisse pendant 28 à 30 minutes.

3- Lorsqu'il émet un bip, retirez le couvercle, ajoutez les assaisonnements supplémentaires, le fromage à pâte molle, le parmesan et remuez.

4- Servir les assiettes avec du fromage supplémentaire sur le dessus.

 ASTUCE

Stock. N'importe quel bouillon de légumes fera l'affaire, ou vous pouvez utiliser de l'eau si vous n'en avez pas.

Du fromage. Vous pouvez utiliser n'importe quel fromage râpé et n'importe quel fromage à pâte molle. Nous avons utilisé du Philadelphia et du parmesan.

Temps. La machine à soupe Morphy Richards a un temps de cuisson standard de 28 minutes, tandis que la machine à soupe Ninja Foodi a 30 minutes, utilisez simplement le réglage de votre machine à soupe.

Nutrition

Calories : 682kcal | Glucides : 23g | Protéines : 47g | Matières grasses : 46g | Gras saturés : 27g | Cholestérol : 143mg | Sodium : 2233mg | Potassium : 811 mg | Fibres : 5g | Sucre : 7g | Vitamine A : 2979 UI | Vitamine C : 170mg | Calcium : 1265mg | Fer : 3mg

 2 P.

 20 min.

 15 min

Soupe de chou-fleur

 INGRÉDIENTS

- 750 g de chou-fleur surgelé
- 1 oignon blanc moyen
- 1 gousse d'ail
- 300 ml de bouillon de légumes
- 100 ml de lait écrémé
- 1 cuillère à café de thym
- 1 cuillère à café de persil
- Sel poivre

 PRÉPARATION

1- Épluchez et émincez votre oignon et votre gousse d'ail. Chargez dans l'appareil à soupe avec les assaisonnements et le chou-fleur surgelé.

2- Placez le couvercle sur la machine à soupe et sélectionnez une soupe lisse et faites cuire pendant 28 à 30 minutes. Lorsqu'il émet un bip, retirez le couvercle, ajoutez le lait, les assaisonnements supplémentaires et dégustez !

ASTUCE

Chou-fleur. Vous pouvez utiliser du chou-fleur surgelé ou frais. Je recommande d'utiliser congelé. C'est déjà préparé et c'est plus sain pour vous. De plus, le temps de cuisson reste le même.

Temps. La machine à soupe Morphy Richards a un temps de cuisson standard de 28 minutes, tandis que la machine à soupe Ninja Foodi a 30 minutes, il suffit d'utiliser le réglage de votre machine à soupe.

Lait. Nous ajoutons le lait en dernier. En effet, vous pouvez ensuite vérifier l'épaisseur de la soupe, utiliser le lait et ajouter plus de lait si nécessaire et également l'utiliser pour refroidir votre soupe plus rapidement.

Épicé. Pour préparer notre soupe épicée, ajoutez 1 cuillère à café de garam masala, de poudre de cari, de cumin et de coriandre. Incorporez ensuite ½ cuillère à café de curcuma pour la belle couleur dorée.

Nutrition

Calories : 71kcal | Glucides : 14g | Protéines : 5g | Matières grasses : 1g | Gras saturés : 1g | Cholestérol : 1mg | Sodium : 368 mg | Potassium : 640mg | Fibres : 4g | Sucre : 7g | Vitamine A : 211 UI | Vitamine C : 93mg | Calcium : 78mg | Fer : 1mg

👤 2 P.

🍲 20 min.

🕐 15 min

Soupe Aux Tomates Et Poivrons Rouges Au Basilic

 INGRÉDIENTS

- 6 grosses tomates
- 1 poivron rouge
- 3 grosses carottes
- 1 petit oignon
- Une poignée de basilic frais
- 3 gousses d'ail
- 400 g de tomates en conserve
- 1 cuillère à soupe de thym
- Sel poivre

1- Épluchez et coupez en dés l'ail, l'oignon et la carotte. Lavez le basilic frais. Retirer les noyaux et couper les tomates fraîches en cubes.

2- Chargez tout, à l'exception du basilic frais et des tomates en conserve, dans la machine à soupe. Ajouter 250 ml d'eau froide.

3- Placez le couvercle sur la machine à soupe et faites cuire pendant 28 minutes sur le réglage de la soupe en morceaux.

4- Remuez au bip, ajoutez le basilic et les tomates en conserve et mélangez.

 ASTUCE

Tous les appareils à soupe ne sont pas livrés avec un mélangeur, donc si c'est vous, utilisez simplement un mélangeur à main à la fin. J'utilise un mixeur plongeant car je trouve que le mixeur sur la machine à soupe que j'ai n'est pas très bon.

J'aime cuisiner ma soupe à la tomate dans la machine à soupe sur le réglage de la soupe en morceaux et la mélanger plus tard. Cela vous permet d'ajouter ou d'emporter du liquide et de vous assurer d'avoir la bonne consistance de votre soupe.

Nutrition

Calories : 109kcal | Glucides : 24g | Protéines : 5g | Matières grasses : 1g | Gras saturés : 1g | Sodium : 176mg | Potassium : 999mg | Fibres : 7g | Sucre : 14g | Vitamine A : 10409 UI | Vitamine C : 81mg | Calcium : 85mg | Fer : 2mg

👤 2 P.

🍲 28 min.

🕐 05 min

Soupe Minceur à la Courge Butternut du Monde

 INGRÉDIENTS

- 750 g de courge musquée
- 200 ml de bouillon de légumes
- 2 cuillères à café de coriandre
- ½ cuillère à café d'épices mélangées
- 2 cuillères à café de cumin
- 1 cuillère à café d'assaisonnement tandoori
- Sel poivre
- 1 cuillère à soupe de yaourt grec en option

 **PRÉPARATION**

1- Épluchez et coupez votre courge musquée en petits cubes de courge musquée, en vous assurant de vous débarrasser de toutes les graines.

2- Versez tout sauf la courge musquée dans l'appareil à soupe et mélangez.

3- Ajouter de la courge musquée sur le dessus, en ajoutant autant que vous pourrez encore être en mesure de fermer le couvercle.

4- Faire cuire sur le plateau soupe chunky soupière.

5- Remuer et vérifier qu'il y a assez de liquide pour mélanger.

6- Mélangez ensuite la soupe à l'aide du bouton de mélange.

7- Verser dans des bols et servir.

 ASTUCE

Nous avons pesé notre courge musquée que nous avons chargé dans la soupière et trouvé que, avec notre Morphy Richards Soup Maker que 750g était l'ajustement parfait.

Vous pouvez mélanger et assortir avec la citrouille ou la patate douce si vous préférez ou suivez notre soupe à la citrouille ou soupe à la patate douce.

Nutrition

Calories : 190kcal | Glucides : 47g | Protéines : 5g | Lipides : 1g | Lipides saturés : 1g | Cholestérol : 1mg | Sodium : 423mg | Potassium : 1383mg | Fibres : 8g | Sucre : 10g | Vitamine A : 40136IU | Vitamine C : 82mg | Calcium : 215mg | Fer : 4mg

 2 P.

 20 min.

 05 min

Soupe au céleri

 INGRÉDIENTS

- 180 g de céleri
- 180 g de pommes de terre blanches
- 0,5 c. à table de purée d'ail
- 100 ml de bouillon de légumes
- 0,5 c. à table d'origan
- Sel et poivre

 PRÉPARATION

1- Coupez en dés vos céleri et pommes de terre, vous pouvez faire la peau des pommes de terre sur ou sans. Pourquoi ne pas gagner du temps en gardant la peau et le morceau le plus sain de la pomme de terre? Charger le céleri et les pommes de terre dans une passoire et bien rincer et ajouter à la soupière.

2- Chargez le reste des ingrédients dans la machine à soupe et réglez-la sur la soupe lisse.

3- Cuire pendant 20 minutes jusqu'à ce que la soupe soit homogène.

4- Servir avec du fromage râpé et des petits pains.

 ASTUCE

Pelez. Si vous voulez une soupe de céleri de couleur vert vif, je vous recommande de peler votre pomme de terre.

Pesez. Nous avons utilisé 4 bâtonnets de céleri et 1 grosse pomme de terre. Nous l'avons pesée parce que nous voulions viser des portions égales de pommes de terre et de céleri. Mais vous n'avez pas besoin de les peser si vous ne voulez pas.

Nutrition

Calories : 671kcal | Glucides : 128g | Protéines : 28g | Lipides : 6g | Lipides saturés : 2g | Lipides polyinsaturés : 3g | Lipides monoinsaturés : 1g | Sodium : 3158mg | Potassium : 10004mg | Fibres : 62g | Sucre : 69g | Vitamine A : 16698iu | Vitamine C : 133mg | Calcium : 1514mg | Fer : 9mg

Soupe aux pois à la menthe

INGRÉDIENTS

- 0,25 ampoule à l'ail
- 0,5 kg de pois verts congelés
- 300 ml de bouillon de légumes
- 0,5 c. à thé de thym
- 0,5 c. à table de menthe fraîche
- Sel et poivre

PRÉPARATION

1- Pelez vos gousses d'ail et hachez-les en deux, hachez votre menthe fraîche et donnez-lui un propre.

2- Placez dans la machine à soupe avec tout le reste. Placez sur le réglage de soupe chunky pendant 30 minutes et puis après 15 minutes éteignez la machine à soupe.

3- Mélangez votre soupe aux pois, ajoutez le yogourt sans gras de votre choix et servez.

 **ASTUCE**

Ail. Pas besoin de hacher votre ail, votre soupière va mélanger votre soupe et faire l'ail comme il se mélange. Vous économise un travail de hachage d'ail! Stock. J'ai souvent du bouillon dans le congélateur d'une autre soupe, si vous ne mélangez pas l'eau avec de la menthe supplémentaire, le thym et le romarin.

Nutrition

Calories : 212kcal | Glucides : 38g | Protéines : 14g | Lipides : 1g | Lipides saturés : 1g | Sodium : 613mg | Potassium : 622mg | Fibres : 13g | Sucre : 15g | Vitamine A : 2309IU | Vitamine C : 101mg | Calcium : 68mg | Fer : 4mg

 2 P.

 25 min.

 10 min

La soupe aux légumes méditerranéenne ultime

INGRÉDIENTS

- 1 gros oignon
- 0,5 petit poivron rouge
- 50 g de haricots verts
- 2.5 Grosses carottes
- 0,5 Gros poireau
- 0,5 Grosses pommes de terre pelées
- 0,5 Petites patates douces pelées
- 0,5 boîte de tomates en conserve
- 25 ml d'eau
- 0,5 c. à table d'origan
- 0,5 c. à thé de ciboulette
- 0,5 c. à thé de thym
- 1 c. à thé de purée d'ail
- 1 c. à soupe (15 ml) fromage à pâte molle à l'ail et aux herbes
- Sel et poivre

🍲 PRÉPARATION

1- Commencez par couper vos légumes en petits morceaux et les placer dans le fond de votre soupière.

2- Ajouter les tomates en conserve et s'il n'y a pas beaucoup d'eau dans les diluer un peu.

3- Ajouter l'eau et l'assaisonnement.

4- Cuire sur une base de soupe pendant 25 minutes sans mélanger de sorte que vous avez savoureux soupe chunky.

5- Une fois cuit, incorporer le fromage à pâte molle et servir!

 ASTUCE

Vous pouvez traiter cette soupe comme vos restes de soupe et l'utiliser pour vider le fond de votre réfrigérateur la veille de la journée d'épicerie.

Nutrition

Calories : 169kcal | Glucides : 33g | Protéines : 4g | Lipides : 3g | Lipides saturés : 1g | Cholestérol : 7mg | Sodium : 102mg | Potassium : 845mg | Fibres : 7g | Sucre : 11g | Vitamine A : 20580IU | Vitamine C : 64.6mg | Calcium : 117mg | Fer : 3.3mg

 2 P.

 28 min.

 05 min

Ma délicieuse soupe aux choux

INGRÉDIENTS

- 150 ml Tinned Tomatoes
- 0.5 Mixed Pepper
- 0.25 Medium Courgette
- 25 g Spring Onion
- 3 Medium Celery Sticks
- 0.5 Medium Carrot
- 0.13 Medium Cabbage
- 1 Tsp Thyme
- 1 Tsp Parsley
- Salt & Pepper

 ### PRÉPARATION

1- Chargez les tomates en conserve dans le fond de votre soupière. Pelez et coupez en dés et lavez vos légumes. Chargez-les dans la soupière.

2- Placez le couvercle sur votre machine à soupe et faites cuire sur le réglage de la soupe lisse pendant 28-30 minutes.

3- Lorsque le bip retentit, retirer le couvercle, ajouter les assaisonnements, remuer et servir.

 **ASTUCE**

Liquide. Il est important que vous ajoutez le liquide pour la soupe dans la soupière d'abord. Sinon, il est facile pour la soupe à coller au fond et pour votre soupière à casser.

Remplacez. Si vous ne voulez pas que votre soupe soit trop riche en tomates, ajoutez la moitié des tomates en conserve et du bouillon de légumes au fond.

Temps. La machine à soupe Morphy Richards a un temps de cuisson standard de 28 minutes, tandis que la machine à soupe Ninja Foodi a 30 minutes, il suffit d'aller avec ce que le cadre est sur votre machine à soupe.

Poivrons. Vous pouvez utiliser n'importe quelle couleur et n'importe quel type que vous aimez. Pendant notre premier lot de cette soupe nous avons utilisé le rouge et dans le deuxième lot vert.

Nutrition

Calories : 60kcal | Glucides : 14g | Protéines : 3g | Lipides : 1g | Lipides saturés : 1g | Sodium : 129mg | Potassium : 531mg | Fibres : 4g | Sucre : 8g | Vitamine A : 3094IU | Vitamine C : 60mg | Calcium : 69mg | Fer : 2mg

 2 P.

 10 min.

 03 min

Soupe aux restes du dîner rôti

INGRÉDIENTS

- 1 Yorkshire Puddings
- 15 g de dinde cuite
- 50 g de chou-fleur instantané
- 2.5 Pommes de terre rôties à la friteuse
- 2.5 Panais rôtis
- 1 c. à soupe (15 ml) purée de pommes de terre
- 12,5 g de choux de Bruxelles
- 0,5 c. à soupe de sauce
- 0,5 c. à thé de ciboulette
- 1 c. à thé de persil
- Sel et poivre

 PRÉPARATION

1- Hachez tout en morceaux moyens de sorte que tout va cuire uniformément, surtout si vous avez de gros morceaux de légumes ou si les pommes de terre rôties sont trop gros.

2- Ajouter les restes dans la soupière et ajouter 150ml d'eau.

3- Ajouter les assaisonnements et placer le couvercle sur la soupière. Régler la soupe sur un mélange de soupe pendant 10 minutes.

4- Il n'a besoin d'être allumé pendant une courte période car les ingrédients sont déjà cuits et ils ont principalement besoin de chauffage et de mélange.

5- Servir avec du pain chaud et croustillant.

 ASTUCE

Ce sont les restes exacts que nous avons utilisés dans notre soupe de restes, mais ils peuvent être modifiés pour économiser sur vos déchets alimentaires. C'est aussi un excellent moyen d'obtenir des légumes dans ceux qui détestent les légumes comme vos adolescents!

Vous pouvez également faire cette soupe et la congeler pour plus tard, une excellente façon de profiter de votre dîner rôti dans quelques mois.

Nutrition

Calories : 287.21kcal | Glucides : 42.8g | Protéines : 10.65g | Lipides : 9.26g | Lipides saturés : 5.5g | Cholestérol : 29.3mg | Sodium : 298.89mg | Potassium : 871.93mg | Fibres : 10.22g | Sucre : 10.01g | Vitamine A : 297.63IU | Vitamine C : 44.24mg | Calcium : 252.63mg | Fer : 1.57mg

 2 P.

 30 min.

 05 min

Salade Soupe

 INGRÉDIENTS

- 1 bâtonnets de céleri
- 0,5 concombre moyen
- 2.5 Tomates moyennes
- 25 g de poivron rouge en dés
- 0,13 courgette/courgette moyenne
- 1 oignons de printemps
- 0,5 c. à thé (5 ml) purée d'ail
- 0,5 c. à thé de thym
- 0,5 c. à thé d'origan
- 0,5 c. à thé de basilic
- Sel et poivre
- 62,5 g de salade verte
- 0,5 boîte de tomates en conserve facultatif

 PRÉPARATION

1- Trancher et nettoyer le céleri et le concombre. Retirer le cœur des tomates et couper la courgette en dés.

2- Charger dans la soupière en s'assurant que le concombre, la courgette ou les tomates sont sur le fond. Ajouter les assaisonnements et l'ail sur le dessus. Placer le couvercle sur la machine à soupe et cuire pendant 10 minutes sur la soupe lisse.

3- Après 10 minutes, ajouter la laitue et poursuivre la cuisson 20 minutes dans le même cadre.

4- Quand il bipe, servez.

 **ASTUCE**

Quantités. Pour prolonger les quantités, vous pouvez verser une boîte de tomates en conserve. Il lui donnera aussi une couleur plus rouge et l'empêchera d'être si brun.

Étapes. Vous remarquerez que nous faisons une cuisson de 10 minutes et ajouter de la laitue, puis un autre 20 minutes. C'est parce que le fabricant de soupe n'est pas aussi grand qu'une casserole et il ne s'adapte pas tout en. Mais après 10 minutes les ingrédients de la soupe ont rétréci assez.

Liquide. Vous remarquerez aussi que je n'ai pas ajouté de bouillon. C'est parce que les concombres sont chargés d'eau et que les tomates et les courgettes le sont aussi. Cela suffit pour créer un liquide pour la soupe.

Nutrition

Calories : 57kcal | Glucides : 12g | Protéines : 3g | Lipides : 1g | Lipides saturés : 1g | Sodium : 36mg | Potassium : 662mg | Fibres : 4g | Sucre : 6g | Vitamine A : 2289IU | Vitamine C : 52mg | Calcium : 57mg | Fer : 1mg

 2 P.

 20 min.

 01 min

La soupe à la dinde ultime

 INGRÉDIENTS

- 200 ml de bouillon de dinde
- 3 pommes de terre blanches moyennes
- 100 g de légumes râpés
- 150 g Dinde râpée
- 2 c. à thé de cumin
- 1 c. à thé Tandoori Assaisonnement
- Sel et poivre
- 1 c. à soupe (15 ml) yogourt grec facultatif

PRÉPARATION

1- Chargez dans le fond de votre soupière 200ml de bouillon de dinde.

2- Couper les pommes de terre en dés avec la peau et mélanger avec le bouillon de dinde.

3- Ajouter les légumes râpés sur le dessus, en utilisant autant que possible.

4- Placer le couvercle sur la soupière et cuire pendant 20 minutes.

5- Après 20 minutes, retirer le couvercle, ajouter les assaisonnements, la dinde râpée et ajouter le yogourt grec.

6- Remettre le couvercle sur la soupière.

7- Mélangez ensuite la soupe à l'aide du bouton de mélange.

8- Verser dans des bols et servir.

 ASTUCE

Vous pouvez utiliser du bouillon de dinde, du bouillon de dinde ou des restes de sauce de dinde.
J'utilise toujours le mélange de salade de chou ou quelque chose de semblable. Il est déjà préparé et vous pouvez tenir beaucoup dans votre petite soupière.
Vous pouvez échanger le yogourt grec contre du quark, du lait de coco ou de la crème simple.
La machine à soupe a un temps de cuisson standard de 28 minutes, pour faire 20 minutes réglé une minuterie de cuisine, puis retirez manuellement le couvercle après 20 minutes.

Nutrition

Calories : 353kcal | Glucides : 56g | Protéines : 22g | Lipides : 5g | Lipides saturés : 1g | Cholestérol : 42mg | Sodium : 248mg | Potassium : 1440mg | Fibres : 8g | Sucre : 4g | Vitamine A : 2594IU | Vitamine C : 55mg | Calcium : 76mg | Fer : 4mg

 2 P.

 25 min.

 05 min

Soupe crémeuse aux panais

 INGRÉDIENTS

- 2 panais moyens
- 150 ml de bouillon de légumes
- 50 ml de lait écrémé
- 1.5 Gousses d'ail moyennes
- 1 c. à thé de persil
- Sel et poivre
- 14 g de fromage râpé facultatif

 PRÉPARATION

1- Coupez vos panais en dés et lavez-les rapidement. Chargez vos panais, votre bouillon de légumes, votre ail et vos assaisonnements dans votre soupière.

2- Placez le couvercle sur la soupière et sélectionnez soupe lisse et cuire pendant 28-30 minutes.

3- Lorsque le bip retentit, retirer le couvercle, incorporer le lait, les assaisonnements et le fromage râpé. Remplir les bols et savourer!

 **ASTUCE**

Fromage. Si vous voulez une soupe de panais faible en calories, alors n'incluez pas le fromage dans cette recette. Vous pouvez également mélanger et assortir avec différents fromages.

Temps. La machine à soupe Morphy Richards a un temps de cuisson standard de 28 minutes, tandis que la machine à soupe Ninja Foodi a 30 minutes, il suffit d'aller avec ce que le cadre est sur votre machine à soupe.

Lait. Nous ajoutons le lait en dernier. C'est parce que vous pouvez alors vérifier l'épaisseur de la soupe est, utiliser le lait et ajouter plus de lait si nécessaire et aussi l'utiliser pour refroidir votre soupe plus rapidement.

Nutrition

Calories : 162kcal | Glucides : 31g | Protéines : 6g | Lipides : 3g | Lipides saturés : 1g | Cholestérol : 7mg | Sodium : 433mg | Potassium : 629mg | Fibres : 8g | Sucre : 9g | Vitamine A : 271iu | Vitamine C : 27mg | Calcium : 168mg | Fer : 1mg

 2 P.

 25 min.

 15 min

Soupe Grecque Citron Poulet

INGRÉDIENTS

- Soupière
- 0,5 Poitrine de poulet désossée/sans peau
- 0,5 gros oignon
- 0,5 poivron rouge
- 1 c. à thé de ciboulette
- 1 c. à table de purée d'ail
- 75 ml d'eau
- 1,5 c. à table de yogourt grec
- Sel et poivre
- 0,5 gros zeste de citron et jus
- 0,5 tasse de couscous
- 0,25 tasse de fromage feta

PRÉPARATION

1- Peler l'oignon et le couper en dés. Couper le poivron en dés. Couper la poitrine de poulet en dés. Déposer les trois dans la soupière.

2- Ajouter les assaisonnements, l'eau, le citron et le couscous.

3- Cuire 25 minutes sur la soupe.

4- Une fois que la soupière sonne, ajouter le fromage feta et le yaourt grec et mélanger.

5- Servir avec des croûtons!

 **ASTUCE**

Si vous préférez que votre soupe de poulet au citron soit plus citronnée, ajoutez le citron à la fin en même temps que le fromage et le yaourt.

Nutrition

Calories : 267kcal | Glucides : 42g | Protéines : 13g | Lipides : 5g | Lipides saturés : 3g | Lipides trans : 1g | Cholestérol : 25mg | Sodium : 238mg | Potassium : 267mg | Fibres : 4g | Sucre : 4g | Vitamine A : 1045IU | Vitamine C : 45mg | Calcium : 142mg | Fer : 1mg

2 P.

25 min.

10 min

Soupe Minestrone Maison

INGRÉDIENTS

- blender chauffant
- 2 grosses carottes
- 1 champignons moyens
- 0,33 oignon moyen
- Quelques choux de Bruxelles
- 0,17 sac d'épinards
- 1 tomates fraîches
- 0,33 boîte de tomates en conserve
- 0,33 boîte de haricots rouges
- 16,67 g Pois congelés
- 0,67 c. à thé de purée d'ail
- 0,67 c. à thé de purée de tomates
- 33,33 g Pâtes ditalini ou similaires
- 50 ml d'eau
- 0,33 c. à thé d'origan
- 0,33 c. à thé Rosemary
- Quelques feuilles de laurier
- Sel et poivre

PRÉPARATION

1- Peler les carottes et l'oignon. Couper en dés l'oignon, la tomate, les carottes et les champignons et les ajouter à votre machine à soupe.

2- Ajouter les choux de Bruxelles, les épinards, les tomates en conserve, les haricots rouges, les pois, les pâtes et l'assaisonnement.

3- Verser l'eau et cuire pendant 25 minutes sur le plat de soupe.

 ASTUCE

Vous pouvez changer les pâtes en fonction de votre favori personnel. Même si ce n'est pas strictement traditionnel, j'apprécie le mien avec des spaghettis hachés en morceaux.

Nutrition

Calories : 119kcal | Glucides : 25g | Protéines : 4g | Lipides : 0g | Lipides saturés : 0g | Cholestérol : 0mg | Sodium : 50mg | Potassium : 463mg | Fibres : 4g | Sucre : 6g | Vitamine A : 10775IU | Vitamine C : 17,6mg | Calcium : 44mg | Fer : 1mg

 2 P.

 25 min.

 05 min

Curry de légumes thaï super simple

 INGRÉDIENTS

- blender chauffant
- 0,5 Poireau moyen nettoyé
- 1.5 Grosses carottes
- 0,5 Petite courgette
- 100 g Citrouille pelée et coupée en dés
- 0,5 petit poivron rouge
- 0,5 boîte de lait de coco
- 0,5 c. à thé de pâte de cari thaï
- 0,5 c. à thé (5 ml) purée d'ail
- 0,5 c. à thé de moutarde
- 0,5 c. à thé de coriandre
- 1 c. à thé de paprika
- 0,5 c. à thé Mélange d'épices
- 50 ml d'eau
- Sel et peppe

PRÉPARATION

1- Peler les carottes. Couper en dés le poireau, le poivron rouge, les carottes et la courgette.

2- Placez vos légumes dans blender chauffant et ajoutez votre eau et votre lait de coco.

3- Saupoudrer dans votre assaisonnement.

4- Faites cuire dans votre blender chauffant sur l'option soupe chunky pendant 25 minutes

5- Servir avec du pain croustillant.

ASTUCE

Nous avons eu cette version sans viande et j'ai eu beaucoup de chagrin de la part des garçons qui voulaient savoir « où était la viande », alors si vous voulez de la viande, réduisez vos légumes de 30 % et utilisez plutôt du poulet.

Nutrition

Calories : 302kcal | Glucides : 21g | Protéines : 4g | Lipides : 24g | Lipides saturés : 21g | Cholestérol : 0mg | Sodium : 73mg | Potassium : 836mg | Fibres : 5g | Sucre : 10g | Vitamine A : 14065iu | Vitamine C : 60.6mg | Calcium : 69mg | Fer : 3.4mg

 2 P.

 28 min.

 03 min

Soupe De Courgettes

INGRÉDIENTS

- 1 Grands courgettes
- 37,5 g de fromage à pâte molle léger
- 25 g de fromage cheddar léger
- 1 c. à thé de purée d'ail
- 1 c. à thé de thym
- 1 c. à thé d'origan
- 1 c. à thé de persil
- Sel et poivre

PRÉPARATION

1- Coupez vos courgettes en dés et lavez-les rapidement. Chargez la moitié de votre courgette, de la purée d'ail et des assaisonnements dans votre soupière.

2- Placez le couvercle sur la soupière et réglez-le pour mélanger et mélanger le mélange de pouls pendant une minute ou deux jusqu'à ce que la moitié de la courgette a mélangé.

3- Si vous avez plus de courgettes, ajoutez-le maintenant. Sinon, réglez la soupière pour lisser la soupe et faites cuire pendant 28-30 minutes.

4- Lorsque le bip retentit, retirer le couvercle, ajouter les assaisonnements supplémentaires, le fromage à pâte molle, le fromage râpé et remuer. Charger dans des bols et profiter!

 ASTUCE

Pulsation. Nous pulsons d'abord la courgette avec le mélangeur. Cela fera une sauce de courgette pour vous d'utiliser dans cette soupe et signifiera que la recette est stock libre parce que la courgette devient le stock.

Fromage. Si vous voulez une soupe de courgette faible en calories, alors n'incluez pas le fromage dans cette recette. Vous pouvez également mélanger et assortir avec différents fromages.

Temps. La machine à soupe Morphy Richards a un temps de cuisson standard de 28 minutes, tandis que la machine à soupe Ninja Foodi a 30 minutes, il suffit d'aller avec ce que le cadre est sur votre machine à soupe.

Trucs. Les fabricants de soupe sont connus pour ne pas s'adapter beaucoup en eux. En mélangeant un peu d'abord, vous pouvez libérer de l'espace et tenir beaucoup plus dans votre machine à soupe.

 2 P.

 30 min.

 05 min

Soupe à la bière et au fromage

INGRÉDIENTS

- 0,5 oignon rouge moyen
- 1 bâtonnets de céleri
- 0,25 poivre jaune
- 0,5 grande patate douce
- 100 ml de bière allemande
- 50 ml de bouillon de légumes
- 0,5 c. à table de persil
- Sel et poivre
- 75 g de fromage cheddar râpé

PRÉPARATION

1- Peler et couper en dés l'oignon rouge. Nettoyer et trancher les bâtonnets de céleri. Épépiner et trancher le poivron jaune. Peler et couper en dés la patate douce.

2- Chargez vos ingrédients préparés dans votre soupière avec la bière, le bouillon de légumes et les assaisonnements. Placer le couvercle sur la soupière et faire cuire 30 minutes sur la soupe lisse.

3- Lorsque le signal sonore retentit et que vous avez de la soupe lisse, ajoutez les ¾ de votre fromage et pulsez la blender chauffant pour qu'elle se mélange bien.

4- Chargez votre soupe dans des bols et parsemez-la de fromage râpé.

 **ASTUCE**

Swaps. Cheddar fromage est la meilleure option. Mais si vous ne pouvez pas obtenir cheddar, puis je recommande double Gloucester ou rouge Leicester.

Nutrition

Calories : 241kcal | Glucides : 18g | Protéines : 11g | Lipides : 13g | Lipides saturés : 8g | Lipides polyinsaturés : 1g | Lipides monoinsaturés : 4g | Cholestérol : 39mg | Sodium : 384mg | Potassium : 370mg | Fibres : 3g | Sucre : 4g | Vitamine A : 8649iu | Vitamine C : 33mg | Calcium : 307mg | Fer : 1mg

 2 P.

 26 min.

 05 min

Soupe végétalienne ultime aux lentilles

 INGRÉDIENTS

- 100 g de lentilles rouges
- ½ gros oignon
- 2 gousses d'ail
- 4 grosses carottes
- 6 tomates moyennes
- 1 c. à thé d'assaisonnement au curry thaï rouge
- Sel et poivre
- 1 cube de légumes OXO facultatif

 PRÉPARATION

1- Nettoyez, pelez et coupez vos légumes en dés.

2- Assaisonner les tomates en dés de sel de mer.

3- Rincez vos lentilles rouges.

4- Placez les lentilles rouges et les légumes dans le blender chauffant

5- Ajouter 250 ml de bouillon de légumes.

6- Ajouter l'assaisonnement et remuer.

7- Placer le couvercle sur le blender chauffant et cuire pendant 26 minutes.

8- Mélanger et servir.

 ASTUCE

J'aime vérifier la quantité de liquide après la cuisson avant le mélange. C'est parce que les tomates transportent beaucoup d'eau et vous ne voulez pas vous retrouver avec une soupe aqueuse.
J'utilise un assaisonnement rapide au curry thaï. De cette façon, il peut être comme une soupe au curry Vegan Red thaï et goûte délicieux. Vous pouvez l'échanger contre votre assaisonnement préféré si vous préférez.

Nutrition

Calories : 318kcal | Glucides : 60g | Protéines : 18g | Lipides : 2g | Lipides saturés : 1g | Sodium : 447mg | Potassium : 1783mg | Fibres : 24g | Sucre : 18g | Vitamine A : 23849IU | Vitamine C : 63mg | Calcium : 117mg | Fer : 5mg

 2 P.

 25 min.

 05 min

Soupe de nouilles au poulet

INGRÉDIENTS

- blender chauffant
- 0,5 Poitrine de poulet
- 75 g de pâtes linguines
- 0,5 carotte moyenne
- 0,5 petit oignon
- 1 c. à thé de purée d'ail
- 1 c. à thé d'origan
- 0,5 c. à thé de basilic
- 1 c. à thé Tarragon
- 0,5 c. à thé de thym
- 1 c. à thé de paprika
- 1 c. à table de beurre
- 50 ml d'eau
- Sel et poivre

PRÉPARATION

1- Couper la poitrine de poulet en petits dés.

2- Pelez et coupez en dés votre oignon et votre carotte.

3- Placez le poulet, les légumes, les assaisonnements et les pâtes dans votre soupière.

4- Enfin, ajouter l'eau et poursuivre la cuisson sur la soupe pendant 25 minutes.

5- Quand il bipe ajouter le beurre et bien mélanger.

6- Servir avec du pain à l'ail!

 **ASTUCE**

Beaucoup de gens utilisent des nouilles aux œufs dans une soupe traditionnelle aux nouilles au poulet. Nous aimons être différents et trouver que l'épaisseur de linguine (qui est comme les spaghettis gras) fonctionne beaucoup mieux. Mais si vous voulez le changer en nouilles aux oeufs alors faites-le.

Nutrition

Calories : 230kcal | Glucides : 34g | Protéines : 8g | Lipides : 6g | Lipides saturés : 3g | Cholestérol : 23mg | Sodium : 81mg | Potassium : 264mg | Fibres : 2g | Sucre : 3g | Vitamine A : 3305IU | Vitamine C : 4mg | Calcium : 38mg | Fer : 1.2mg

Soupe froide aux tomates

🥛 INGRÉDIENTS

- 3 tomates moyennes
- 1 oignons de printemps
- 0,5 Petit concombre
- 0,33 poivron rouge
- 0,17 Poivre vert
- 1 gousses d'ail
- 1 c. à soupe (15 ml) basilic frais haché
- 1 c. à soupe de vinaigre balsamique
- 0,5 tsp Paprika
- 0,5 c. à thé de cumin
- Sel et poivre

🍲 PRÉPARATION

1- Pelez vos concombres. Retirez les cœurs des tomates. Retirez les graines des poivrons. Pelez vos gousses d'ail. Coupez en dés concombre, poivrons, tomates, oignons verts et basilic frais.

2- Chargez tout dans la machine à soupe, sauf l'ail, le basilic et les tomates. Assurez-vous que les concombres entrent dans la machine à soupe en premier. Placer le couvercle sur la machine à soupe et cuire pendant 10 minutes sur la soupe lisse.

3- Après 10 minutes, ajouter le reste des ingrédients et poursuivre la cuisson 20 minutes dans le même cadre.

4- Lorsque le bip retentit, ajouter des cubes de glace pour accélérer le processus de soupe glacée et servir.

 ASTUCE

Refroidi. Parce que vous voulez votre soupe de tomate espagnole refroidi, Je recommande d'ajouter quelques cubes de glace. Ensuite, utilisez le mélangeur sur la machine à soupe pour les mélanger. Ensuite, vous pouvez traiter votre soupe de tomate comme un smoothie et puis si elle se réchauffe juste souffle un autre cube de glace.

Quantités. J'ai apprécié cette soupe de tomates au petit déjeuner pendant 3 jours et avait encore quelques restes. Il serait facilement nourrir quatre personnes pour le dîner. Si vous avez des restes, vous pouvez les congeler pour plus tard.

Étapes. Vous remarquerez que nous faisons une cuisson de 10 minutes et ajouter des tomates, puis un autre 20 minutes. C'est parce que le fabricant de soupe n'est pas aussi grand qu'une casserole et il ne s'adapte pas tout en. Mais après 10 minutes les ingrédients de la soupe ont rétréci assez.

Liquide. Vous remarquerez aussi que je n'ai pas ajouté de bouillon. C'est parce que les concombres sont chargés d'eau et les tomates aussi. Cela suffit pour créer un liquide pour la soupe.

Nutrition

Calories : 65kcal | Glucides : 13g | Protéines : 3g | Lipides : 1g | Lipides saturés : 1g | Sodium : 16mg | Potassium : 653mg | Fibres : 4g | Sucre : 8g | Vitamine A : 2614IU | Vitamine C : 63mg | Calcium : 48mg | Fer : 1mg

 2 P.

 28 min.

 05 min

Soupe Brocoli & Stilton

 INGRÉDIENTS

- 180 g de brocoli
- 62,5 g Stilton
- 0,5 c. à thé (5 ml) purée d'ail
- 1 c. à thé Bouquet Garni
- Sel et poivre

 PRÉPARATION

1- Verser dans votre soupière 300ml d'eau froide.

2- Retirer les feuilles et les grosses tiges du brocoli et les hacher en petits bouquets. Les charger dans la soupière.

3- Ajoutez environ 90 % de votre stilton à la soupière, avec votre ail et vos assaisonnements.

4- Placer le couvercle sur la soupière et cuire pendant 28 minutes.

5- Une fois que le fabricant de soupe bipe qu'il est fait, décider combien d'eau reste et ajouter assez d'eau supplémentaire pour en faire une soupe crémeuse de brocoli. Au mélangeur, mélanger la soupe jusqu'à ce qu'elle soit homogène.

6- Émietter dans le reste de votre stilton et servir chaud.

ASTUCE

Le brocoli est incroyablement épais en faisant une soupe. Par conséquent, vous avez besoin de beaucoup plus d'eau dans une soupe de brocoli par rapport à faire de la citrouille ou une soupe de tomate.
Ce que j'ai fait, c'est cuire la soupe au brocoli stilton avec 300ml d'eau, puis quand elle a été cuite et pendant le processus de mélange, j'ai ajouté 200ml. Mais cela dépend de la quantité de brocoli que vous avez, à quelle épaisseur vous voulez qu'il soit à combien d'eau vous aurez besoin.
Vous voulez congeler votre soupe au brocoli stilton? Attendez qu'il soit frais et placez-le dans des contenants de congélation, comme celui d'Ikea que nous aimons utiliser.

Nutrition

Calories : 149kcal | Glucides : 9g | Protéines : 10g | Lipides : 9g | Lipides saturés : 6g | Cholestérol : 23mg | Sodium : 468mg | Potassium : 402mg | Fibres : 3g | Sucre : 2g | Vitamine A : 998IU | Vitamine C : 82mg | Calcium : 256mg | Fer : 3mg

 2 P.

 28 min.

 28 min

Soupe à la citrouille

INGRÉDIENTS

- 500 g de citrouille coupée en cubes
- 3 gousses d'ail
- 1 petit oignon
- 2 cuillères à thé d'herbes mélangées
- Sel et poivre

PRÉPARATION

1- Peler et trancher l'ail et l'oignon et les déposer dans la soupière avec les cubes de citrouille.

2- Saler, poivrer et mélanger les herbes.

3- Verser 200 ml d'eau froide.

4- Placez le couvercle sur la machine à soupe et réglez-le à son réglage soupe chunky.

5- Une fois cuit, vérifiez qu'il y a assez de liquide pour faire une soupe lisse et utilisez la fonction de mélange.

6- Verser dans une cuillère à soupe de votre crème préférée et servir chaud.

 **ASTUCE**

Le poids de la citrouille pour notre soupe de citrouille est après qu'il a été pelé et coupé en cubes et était prêt à aller dans la soupière. Je recommande d'ajouter une crème à la fin pour donner à votre soupe de citrouille le facteur wow. Vous pouvez utiliser tout ce qui va bien avec une soupe comme le yaourt grec, le lait de coco, le quark ou le fromage frais.

Si vous voulez garder notre potager potiron syn libre alors je recommande d'utiliser le quark dans votre soupe plutôt que le lait de coco.

Certains fabricants de soupe ont des mélangeurs terribles, si c'est le vôtre alors un mélangeur à main est également idéal pour mélanger la soupe.

Nutrition

Calories : 39kcal | Glucides : 7g | Protéines : 1g | Lipides : 1g | Lipides saturés : 1g | Sodium : 3mg | Potassium : 98mg | Fibres : 1g | Sucre : 3g | Vitamine C : 5mg | Calcium : 26mg | Fer : 1mg

 2 P.
 28 min.
 02 min

Soupe aux champignons

INGRÉDIENTS

- 250 g de champignons
- 1.5 Grosses gousses d'ail
- 50 ml de lait
- 50 ml de yogourt grec
- Sel et poivre
- Romarin frais

PRÉPARATION

1- Nettoyez, coupez en dés et pelez vos champignons et placez-les dans le fond de votre soupière.

2- Peler et couper l'ail en dés et le déposer dans le blender chauffant

3- Saler et poivrer

4- Ajouter quelques brins de romarin frais.

5- Verser sur les ingrédients de la soupe 300ml d'eau.

6- Placer le couvercle sur la machine à soupe et cuire sur la soupe chunky pendant 28 minutes.

7- Une fois cuit, remuer rapidement et ajouter le yogourt grec et le lait.

8- Appuyer sur le bouton de mélange et mélanger jusqu'à ce que le mélange soit homogène.

 **ASTUCE**

Vous remarquerez probablement que je me suis mis à soupe chunky et pas lisse. C'est parce que le yaourt et le lait s'ils sont ajoutés trop tôt peut causer la soupe à cailler.

Une autre raison est que la soupe de champignons a souvent besoin d'un remuement d'abord et vous pouvez finir par brûler le fond de votre soupière. Si vous suivez un régime sans produits laitiers, vous pouvez échanger le lait et le yogourt contre 200ml de lait de coco léger.

Nutrition

Calories : 65kcal | Glucides : 7g | Protéines : 7g | Lipides : 1g | Lipides saturés : 0g | Cholestérol : 3mg | Sodium : 27mg | Potassium : 439mg | Fibres : 1g | Sucre : 4g | Vitamine A : 55IU | Vitamine C : 3.3mg | Calcium : 65mg | Fer : 0.6mg

👤 2 P.

🍲 26 min.

🕐 05 min

Soupe au poulet

🥛 INGRÉDIENTS

- 1 poitrine de poulet moyenne
- 3 pommes de terre moyennes
- 2 bâtonnets de céleri
- 1 grosse carotte
- ½ oignon moyen
- 200 ml de lait écrémé
- 1 c. à thé de thym
- 2 c. à thé Tarragon
- Sel et poivre
- 1 cube de légumes OXO facultatif
- 1 c. à table de yogourt sans gras

🍲 PRÉPARATION

1- Coupez en dés votre poitrine de poulet, assaisonnez avec du sel de mer et chargez dans la soupière.

2- Nettoyez, pelez et coupez en dés vos pommes de terre et légumes.

3- Chargez dans le blender chauffant vos pommes de terre, légumes, assaisonnement et lait et mélangez.

4- Ajouter 300ml de bouillon et placer le couvercle sur le blender chauffant

5- Mettez-le à 26 minutes sur la soupe.

6- Lorsque le bip retentit, prenez un morceau de poitrine de poulet pour vous assurer qu'elle est cuite et, si elle est cuite, ajoutez-y le yogourt et tout autre assaisonnement et mélangez.

 ASTUCE

J'ai utilisé une poitrine de poulet car j'avais beaucoup de légumes à utiliser. Mais vous pourriez utiliser moins de légumes et utiliser 2 poitrines de poulet à la place. Vous pouvez utiliser n'importe quel yogourt à la fin. J'aime le yogourt grec sans gras le plus, bien qu'il s'agisse de préférence personnelle.

Nutrition

Calories : 397kcal | Glucides : 54g | Protéines : 38g | Lipides : 4g | Lipides saturés : 1g | Cholestérol : 75mg | Sodium : 608mg | Potassium : 2221mg | Fibres : 10g | Sucre : 9g | Vitamine A : 5644iu | Vitamine C : 45mg | Calcium : 299mg | Fer : 12mg

 2 P.

 28 min.

 02 min

Soupe de patate douce

 INGRÉDIENTS

- 400 g de patates douces coupées en dés
- 100 ml de lait
- 1 c. à table de coriandre
- 0,5 c. à table de paprika
- Sel et poivre

 PRÉPARATION

1- Placez dans le blender chauffant vos patates douces pelées et coupées en dés.

2- Ajouter l'assaisonnement et 300ml d'eau.

3- Placer le couvercle sur la machine à soupe et cuire pendant 28 minutes sur la soupe chunky.

4- Une fois le bip émis, retirer le couvercle, ajouter le lait et 200 ml d'eau et mélanger.

 **ASTUCE**

Parce que les patates douces peuvent varier en poids, je vous recommande de les peser pelées et coupées en dés à 800g que vous pouvez alors vous assurer que vous ne faites pas trop ou pas assez.
Vous pouvez remplacer le lait par une alternative sans produits laitiers comme le lait de coco, mais si vous utilisez la variété légère, sinon il sera super épais. Vous avez besoin de l'eau supplémentaire avant de mélanger parce que la patate douce est très épaisse, et il ira comme de la colle autrement.

Nutrition

Calories : 217kcal | Glucides : 45g | Protéines : 6g | Lipides : 2g | Lipides saturés : 1g | Cholestérol : 5mg | Sodium : 96mg | Potassium : 1094mg | Fibres : 7g | Sucre : 15g | Vitamine A : 39405iu | Vitamine C : 44.3mg | Calcium : 148mg | Fer : 2.1mg

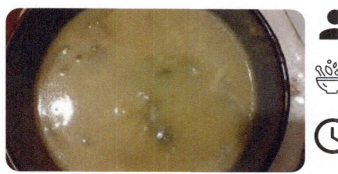

 2 P.

 28 min.

 01 min

Soupe portugaise aux haricots verts et aux carottes

 INGRÉDIENTS

- blender chauffant
- 400 g Haricots verts et carottes émincés
- 250 ml de bouillon de légumes
- 1 c. à table de persil
- Sel et poivre

 PRÉPARATION

1- Placez les haricots verts et les carottes dans la machine de soupe.

2- Ajouter tous les autres ingrédients.

3- Placez le couvercle sur la machine à soupe et réglez-la sur soupe en morceaux.

4- Cuire pendant 28 minutes.

5- Ajouter un peu de liquide si nécessaire et mélanger jusqu'à consistance lisse.

 **ASTUCE**

Il y a toujours un choix formidable dans les supermarchés de paquets de soupe préparés. Je vous recommande de faire une soupe avec un de ceux-ci comme son si simple et vous pouvez obtenir quelques vraies affaires. J'ai obtenu le mien d'un terrain de dégagement pour 1,71 € par paquet. Pour le bouillon de légumes un cube de légumes OXO est fantastique ou utiliser un bouillon sain.

Nutrition

Calories : 68kcal | Glucides : 15g | Protéines : 3g | Lipides : 0g | Lipides saturés : 0g | Cholestérol : 0mg | Sodium : 513mg | Potassium : 422mg | Fibres : 5g | Sucre : 7g | Vitamine A : 1805iu | Vitamine C : 26.9mg | Calcium : 74mg | Fer : 2.2mg

2 P.

30 min.

01 min

Soupe Minceur World Speed

INGRÉDIENTS

- 86,33 g de courgettes/courgettes
- 47,33 g Carottes
- 25,33 g Céleri
- 132 g de tomates
- 56,67 g Poireaux
- 42,33 g de poivron rouge
- 173 g Suédois/Rutabaga
- 0,67 Boîtes de tomates en conserve
- 0,67 petits pots de salsa
- 0,33 tasse d'épinards frais
- 0,33 c. à table de persil
- 0,33 c. à table de paprika sucré
- Sel et poivre

 PRÉPARATION

1- Choisissez les légumes que vous prévoyez d'utiliser, pelez-les et coupez-les en dés pour la fabricant de la soupe .

2- Chargez les légumes dans la machine à soupe, en ajoutant d'abord les légumes à haute teneur en liquide et en ajoutant les légumes-racines en dernier.

3- Ajouter une boîte de tomates en conserve et une boîte de salsa avec vos assaisonnements s'ils conviennent. Sinon, vous pouvez les ajouter plus tard.

4- Mettre en le fabricant de la soupe sur le réglage de la soupe lisse et quand il bipe ajouter dans tous les ingrédients restants tels que plus de tomates en conserve et salsa. Ou comme nous, nous avons ajouté des épinards frais à la fin aussi.

5- Utilisez le réglage du mélangeur pour mélanger les tomates et les assaisonnements supplémentaires.

6- Chargez dans des bols et des contenants de stockage et laissez refroidir si vous le faites plus tard. Ensuite, chargez dans le réfrigérateur et réchauffez au besoin.

ASTUCE

Épinards. J'aime ajouter quelques épinards supplémentaires à la fin. Cela ne correspond pas à tout le reste au début, donc je l'ajoute toujours dernière plus tard.

Taille. La taille de votre soupière peut être un problème. Vous pouvez faire deux ou trois lots, ou vous pouvez ajouter les ingrédients supplémentaires plus tard. Voir la vidéo pour ajouter les tomates plus tard.

Nutrition

Calories : 115kcal | Glucides : 26g | Protéines : 4g | Lipides : 1g | Lipides saturés : 1g | Lipides polyinsaturés : 1g | Lipides monoinsaturés : 1g | Sodium : 253mg | Potassium : 1054mg | Fibres : 7g | Sucre : 13g | Vitamine A : 7045IU | Vitamine C : 86mg | Calcium : 133mg | Fer : 3mg

- 2 P.
- 28 min.
- 05 min

Soupe Minceur Carottes & Coriandre du Monde

 INGRÉDIENTS

- 430 g de carottes
- 150 ml de bouillon de légumes
- 1 c. à thé de coriandre
- Sel et poivre

PRÉPARATION

1- Peler et trancher suffisamment de carottes pour faire un bon lot de soupe aux carottes.

2- Chargez dans le blender chauffant tous les ingrédients de la soupe aux carottes et à la coriandre.

3- Placez le couvercle sur votre machine à soupe et faites cuire sur le réglage de la soupe lisse pendant 28-30 minutes.

4- Lorsque le bip retentit, retirer le couvercle, ajouter les assaisonnements supplémentaires, remuer et servir.

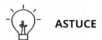 **ASTUCE**

Stock. Ce que nous faisons, c'est utiliser la soupe aux carottes d'un lot précédent et ensuite l'arroser afin qu'il soit assez mince pour devenir un stock. Son beaucoup plus savoureux, plus sain, et moins cher que l'alternative. La prochaine fois que vous faites la soupe ajouter 240ml de soupe avec 120ml d'eau pour y parvenir. Coriandre. Pour nos chers lecteurs aux États-Unis, la coriandre est connue aux États-Unis sous le nom de coriandre.

Gingembre. Vous voulez faire de la soupe aux carottes et au gingembre dans la soupière? Remplacez la coriandre par des cubes de 2 cm de gingembre.

Temps. La machine à soupe Morphy Richards a un temps de cuisson standard de 28 minutes, tandis que la machine à soupe Ninja Foodi a 30 minutes, il suffit d'aller avec ce que le cadre est sur votre machine à soupe.

Nutrition

Calories : 93kcal | Glucides : 22g | Protéines : 2g | Lipides : 1g | Lipides saturés : 1g | Sodium : 449mg | Potassium : 701mg | Fibres : 6g | Sucre : 11g | Vitamine A : 36095iu | Vitamine C : 14mg | Calcium : 75mg | Fer : 1mg

 4 P.

 21 min.

 05 min

Soupe aux tomates et basilic

 INGRÉDIENTS

- 3 échalotes, hachées
- 4 gousses d'ail, écrasées
- 5 tomates moyennes, hachées
- 1 pomme de terre moyenne, hachée
- 1 grosse carotte, pelée et hachée
- 8 feuilles de basilic, hachées
- 800 ml de bouillon de légumes
- 2 feuilles de basilic, hachées, pour décorer

 PRÉPARATION

1- Ajoutez tous les ingrédients (sauf le basilic) à votre soupière. Mélangez les ingrédients ensemble. Assurez-vous de ne pas dépasser la ligne MAX. Si vous n'êtes pas au-dessus de la ligne MIN, ajoutez de l'eau chaude pour la remplir.

2- Mettre le couvercle et sélectionner le réglage en douceur.

3- Une fois le programme terminé, retirer le couvercle et ajouter les feuilles de basilic hachées. Mélanger sur le réglage manuel pendant environ 20 secondes.

4- Garnir de basilic haché.

Nutrition

Quantité par portion : CALORIES : 90

👤 4 P.

 21 min.

🕐 05 min

Soupe de patates et poireaux

 INGRÉDIENTS

- 2 poireaux moyens, tranchés
- 300g de pommes de terre, pelées et coupées en dés
- 1 oignon, haché
- 2 gousses d'ail, pelées et écrasées
- 1 litre de bouillon de légumes

 PRÉPARATION

1- Préparer les ingrédients en épluchant l'oignon et en le coupant, en coupant les racines et le dessus des poireaux et en tranchant finement, en épluchant les gousses d'ail et en écrasant, en épluchant et en coupant les pommes de terre.

2- Facultatif : ajouter 1 c. à soupe d'huile d'olive à votre soupière (si elle a une fonction de faire sauter), ou une casserole. Faire revenir doucement les oignons 2 minutes en remuant fréquemment.

Ajouter les poireaux et l'ail et faire revenir de 2 à 3 minutes, jusqu'à ce qu'ils commencent à ramollir

3- Éteignez la fonction sauté/transférez les ingrédients à votre soupière. Ajoutez les pommes de terre à la soupière.

4- Ajoutez environ 1 litre de bouillon de légumes (assurez-vous de respecter les lignes directrices minimales et maximales de votre soupière)

5- Mélanger les ingrédients à l'aide d'une cuillère de bois. Régler la soupière sur le réglage lisse.

 **ASTUCE**

Faire sauter les ingrédients est facultatif. J'ai la fonction sauté intégrée à ma soupière, ce qui rend cette étape beaucoup plus facile. Si vous n'avez pas cette fonction, vous pouvez simplement ajouter tous les ingrédients à la machine à soupe si vous préférez, sauter l'étape 1. Différents fabricants de soupe - J'ai fait cela en utilisant à la fois un Morphy Richards Soup Maker (1.6L) et le Ninja Soup Maker (1.4L). Pour les soupières de différentes tailles, il suffit d'ajuster légèrement la quantité d'ingrédients pour s'assurer que tout s'intègre.

Nutrition

CALORIES : 116/ FAT TOTAL : 0g /SATURATED FAT : 0g /TRANS FAT : 0g /UNSATURATED FAT : 0g /CHOLESTEROL : 0mg /SODIUM : 719mg /CARBOHYDRATES : 26g /FIBER : 3g /SUGAR : 5g /PROTEIN : 3g

 4 P.

 21 min.

 05 min

Soupe aux poivrons rouges et au piment

INGRÉDIENTS

- 1 oignon, haché
- 2 poivrons rouges, hachés
- 2 gousses d'ail, écrasées
- 1 pomme de terre moyenne (environ 200 g), hachée
- 1 piment rouge, tranché (deseed pour un goût plus doux)
- 750 ml de bouillon de poulet ou de légumes (à l'aide d'un cube de bouillon ou d'une casserole)

PRÉPARATION

1- Ajouter tous les ingrédients à la soupière.

2- Ajouter la marmite ou le cube et compléter avec de l'eau chaude jusqu'à la ligne MAX.

3- Remuer les ingrédients et démarrer sur le programme lisse.

4- Ajouter tout assaisonnement supplémentaire et éventuellement ajouter des croûtons.

Soupe aux pommes et panais

INGRÉDIENTS

- 1 c. à table d'huile d'olive
- 2 pommes Granny Smith
- 4 panais
- 1 c. à thé de cannelle moulue
- 1 oignon
- 1 litre de bouillon de légumes

PRÉPARATION

1- Peler et hacher les pommes, le panais et l'oignon.

2- Chauffer l'huile et faire revenir l'oignon (facultatif)

3- Ajouter le reste des ingrédients. Vous devrez peut-être ajouter un peu d'eau chaude si le bouillon n'atteint pas le niveau MIN. Ou encore, pour une soupe plus épaisse, ajouter plus de panais et de pommes.

 4 P.

 21 min.

 10 min

Soupe de patates douces et piments rouges

 INGRÉDIENTS

- 1 c. à table d'huile d'olive
- 800 g de patates douces, pelées et hachées
- 1 oignon, pelé et haché
- 3 gousses d'ail, écrasées
- 1 (ou 2!) piments rouges, tranchés (deseed pour un goût plus doux)
- 800 ml de bouillon de légumes

PRÉPARATION

1- Facultatif : Faire revenir les oignons et l'ail dans l'huile d'olive jusqu'à 5 minutes.

2- Ajouter tous les ingrédients à la machine à soupe. Assurez-vous de rester dans les niveaux de la machine à soupe MIN et MAX. Compléter avec plus de stock / eau chaude si nécessaire.

2- Réglez la soupière sur lisse.

 **ASTUCE**

Si vous voulez une soupe plus épaisse augmenter la quantité de patate douce et réduire la quantité de bouillon. De même, si vous voulez une soupe plus mince, réduire la quantité de patate douce et augmenter le bouillon.

👤 4 P.

🍲 21 min.

🕐 05 min

Soupe aux carottes et coriandre

🫙 INGRÉDIENTS

- 1 c. à table d'huile d'olive
- 800 g de carottes, grossièrement hachées
- 1 oignon, haché
- 1 c. à thé de coriandre moulue
- 1 litre de bouillon de légumes
- coriandre fraîche, une grande poignée

🍲 PRÉPARATION

1- Facultatif : Sauté d'oignons hachés dans l'huile d'olive
2- Ajouter le reste des ingrédients à l'exception de la coriandre fraîche
3- Démarrage sur lisse
4- À la fin du cycle, retirer le couvercle et ajouter la coriandre fraîche. Incorporer à la soupe
5- Facultatif : Mélanger manuellement pour réduire en purée les feuilles de coriandre et obtenir une soupe complètement lisse.

 4 P.

 21 min.

 10 min

Soupe à la courge Butternut

INGRÉDIENTS

- 1 c. à table d'huile d'olive ou de beurre
- 1 courge musquée, pelée et hachée
- 2 gousses d'ail, écrasées
- 1 oignon, pelé et haché
- 2 pommes de terre moyennes, pelées et hachées
- 800 ml de bouillon de légumes

PRÉPARATION

1- Faire revenir l'oignon et l'ail dans le beurre ou l'huile. C'est facultatif, si votre soupière n'a pas de fonction de faire sauter, vous pouvez soit faire cette étape dans une casserole séparée, ou le laisser dehors.

2- Ajouter tous les ingrédients à votre soupière et compléter avec plus de bouillon si nécessaire.

3- On démarre en douceur.

 4 P.

 28 min.

 05 min

Soupe de pâtes bolognaise

INGRÉDIENTS

- 1 c. à table d'huile d'olive ou de beurre
- 1 oignon, haché
- 2 gousses d'ail, écrasées
- 1 poivron rouge, épépiné, haché
- 180 g de pâtes séchées
- 1 c. à thé d'origan
- 500ml passata
- Bouillon de bœuf de 700ml
- 250g de bœuf haché, cuit

PRÉPARATION

1- Facultatif : oignon sauté, ail et poivre dans l'huile d'olive.

2- Ajouter tous les ingrédients à la soupière et bien mélanger. Compléter avec du bouillon si nécessaire (j'ai utilisé 1 bouillon de boeuf dans 700ml d'eau).

3- On se met à Chunky.

4- Assaisonner au besoin.

 **ASTUCE**

Assurez-vous de tout bien remuer avant de mettre la soupière hors tension, juste pour s'assurer qu'il n'y a pas de pâtes collées au fond.
Goût charmant avec du fromage saupoudré sur!

Nutrition

CALORIES : 341 /LIPIDES TOTAUX : 18g /LIPIDES SATURÉS : 7g /LIPIDES TRANS : 1g /LIPIDES INSATURÉS : 9g /CHOLESTÉROL : 63mg /SODIUM : 433mg /GLUCIDES : 21g /FIBRES : 2g /SUCRE : 4g /PROTÉINES : 24g

Soupe au poulet facile

 **INGRÉDIENTS**

- 200g de poulet cuit, râpé
- 2 gousses d'ail, écrasées
- 1 oignon moyen, haché
- 200g de pommes de terre, effilochées et coupées en dés
- 1 litre de bouillon de poulet
- 2tbsp creme fraiche (facultatif)

PRÉPARATION

1- Ajoutez tous les ingrédients à votre soupière, sauf la crème fraîche (si vous l'utilisez).

2- Assurez-vous de ne pas dépasser la ligne MAX de votre soupière. Au besoin, remplissez la ligne MIN d'eau chaude.

3- Mettre le couvercle et sélectionner le réglage en douceur.

4- Si vous ajoutez de la crème fraîche, ajoutez-la à la fin du cycle en remuant.

5- Assaisonner selon le goût.

 **ASTUCE**

Pour changer la consistance de votre soupe, vous pouvez ajouter plus ou moins de pommes de terre. Plus vous ajoutez, plus il sera épais.

 4 P.
 21 min.
 05 min

Soupe de panais au curry

INGRÉDIENTS

- 200g de poulet cuit, râpé
- 2 gousses d'ail, écrasées
- 1 oignon moyen, haché
- 200g de pommes de terre, effilochées et coupées en dés
- 1 litre de bouillon de poulet
- 2tbsp creme fraiche (facultatif)

PRÉPARATION

1- Facultatif : faire revenir l'oignon dans le beurre ou l'huile. Ajouter l'oignon et faire revenir quelques minutes.
2- Ajouter tous les ingrédients restants. Vérifier que le niveau minimum requis est atteint - ajouter plus de stock si nécessaire.
3- On démarre en douceur.
4- À la fin du cycle, vous pouvez éventuellement incorporer de la crème.

5- Saupoudrer de piments rouges écrasés (facultatif)

 ASTUCE

Si vous préférez une soupe plus épaisse ajouter plus de panais, ou 1 pomme de terre moyenne, vous devrez réduire les stocks en conséquence.
Si vous le faites dans une petite soupière, vous pouvez réduire les quantités légèrement pour s'adapter.

Nutrition

CALORIES : 123 /LIPIDES TOTAUX : 1g /LIPIDES SATURÉS : 0g /LIPIDES TRANS : 0g /LIPIDES INSATURÉS : 0g /CHOLESTÉROL : 0mg /SODIUM : 725mg /GLUCIDES : 28g /FIBRES : 6g /SUCRE : 9g /PROTÉINES : 3g

 4 P.

 21 min.

 05 min

Soupe aux haricots noirs et patates douces

 INGRÉDIENTS

- 1 c. à table d'huile d'olive
- 1 oignon
- 1 carotte
- 3 gousses d'ail, écrasées
- 1 boîte de haricots noirs
- 1 c. à thé de cumin moulu
- 1 c. à thé de poivre de Cayenne
- 800 ml de bouillon de légumes
- 2 patates douces

 PRÉPARATION

1- Peler et hacher l'oignon, la carotte et la patate douce.

2- Si votre soupière a une fonction saute ajouter l'huile à votre soupière et chauffer. Ajouter les oignons hachés et faire sauter doucement pendant 2 minutes.

3- Ajouter l'ail écrasé et faire sauter encore une minute.

4- Éteignez la fonction saute et ajoutez le reste des ingrédients. Assurez-vous d'être entre la ligne MIN et MAX de votre soupière.

5- Mettre sur lisse.

6- Assaisonner au besoin selon le goût.

 4 P.
 21 min.
 05 min

Soupe Tortilla Mexicaine

INGRÉDIENTS

- 5 gousses d'ail, écrasées
- 1 c. à thé de cumin moulu
- 1 boîte de 400 g de tomates italiennes
- 1 piment rouge, tranché et désossé (laisser les graines pour plus de chaleur)
- 2 limes, jus
- 1 litre de bouillon de poulet
- Croustilles/lanières de tortillas (en option ou faites les vôtres)
- Fromage (facultatif pour arroser la soupe)

PRÉPARATION

1- Ajoutez tous les ingrédients à votre soupière.
2- Bien remuer pour s'assurer qu'aucun ingrédient ne reste collé au fond.
3- Activez le réglage en douceur.
4- Servir avec des croustilles/lanières de tortillas et du fromage fondu sur le dessus.

👤 4 P.

🥣 30 min.

🕐 05 min

Soupe aux haricots épicés

INGRÉDIENTS

- 1 oignon, haché
- 2 gousses d'ail, écrasées
- 1 x boîte de 400 g de haricots mélangés
- 1 boîte de 400 g de tomates hachées ou de passata
- 2 c. à thé de poudre de chili
- 1/2 c. à thé de cumin moulu
- 1/2 c. à thé de coriandre moulue
- 1 cube/pot de bouillon de légumes

PRÉPARATION

1- En option, faire revenir l'oignon et l'ail.
2- Ajouter tous les ingrédients à la soupière.
3- Ajouter l'eau chaude jusqu'à la ligne et mélanger.
4- Mettez le couvercle et sélectionnez le réglage lisse ou volumineux, selon vos préférences.
5- À la fin du cycle de fabrication de la soupe, vous pouvez éventuellement mélanger partiellement la soupe pour modifier la consistance. Mélanger manuellement ou pulser pendant quelques secondes.

6- Servir avec du fromage râpé, des croustilles de tortillas et un tourbillon de crème si désiré.

Nutrition

CALORIES : 164 /LIPIDES TOTAUX : 2g /LIPIDES SATURÉS : 0g /LIPIDES TRANS : 0g /LIPIDES INSATURÉS : 1g /CHOLESTÉROL : 0mg / SODIUM : 478mg /GLUCIDES : 30g /FIBRES : 8g /SUCRE : 7g /PROTÉINES : 9g

 4 P.

 30 min.

 05 min

Soupe de pommes de terre espagnole

 INGRÉDIENTS

- 500 g de pommes de terre, coupées en dés
- 1 oignon rouge, tranché
- 4 gousses d'ail, écrasées
- 2 c. à thé de paprika fumé
- 1 c. à table de purée de tomates
- 1 c. à thé de piments rouges écrasés
- 1 poivron rouge, haché, épépiné
- 1 poivron vert, haché, épépiné
- 1 boîte de tomates hachées
- Sauce Tabasco, éclaboussures
- 500 ml de bouillon de légumes

 PRÉPARATION

1- Ajouter tous les ingrédients à la soupière. *Lorsque j'utilise des tomates en conserve (ou passata), j'ai tendance à les ajouter en dernier afin qu'elles n'aient aucune chance de coller au fond et de brûler.

Ça ne m'est jamais arrivé, mais j'ai entendu dire que ça pouvait arriver.

2- Ajouter le bouillon de légumes en prenant soin de ne pas dépasser la ligne MAX. Si nécessaire, compléter la ligne MIN avec de l'eau chaude/de légumes.

3- Bien mélanger les ingrédients et placer le couvercle sur la soupière. Sélectionner le réglage 'chunky'.

 **ASTUCE**

Pour un coup de pied supplémentaire, ajouter une cuillère à café supplémentaire de piments rouges écrasés.

- 4 P.
- 21 min.
- 05 min

Soupe aux canneberges et aux pommes

INGRÉDIENTS

- 2 pommes rouges, pelées, épépinées et tranchées
- 1 orange, jus et zeste
- 300 g de canneberges fraîches
- 1 c. à thé de gingembre moulu
- 1 c. à thé de cannelle moulue
- 1 c. à thé de muscade moulue,
- 2 c. à table de sirop d'érable (ou de miel)
- 500 ml de jus de pomme
- 400 ml d'eau

PRÉPARATION

1- Ajouter tous les ingrédients à votre machine à soupe et remuer pour distribuer uniformément.

2- Assurez-vous que le niveau d'ingrédients est dans le niveau MIN ou MAX de votre soupière. Complétez avec plus d'eau ou de jus de pomme si nécessaire.

Mettre le couvercle sur le pot de la soupière et presser le réglage lisse.

Printed by Amazon Italia Logistica S.r.l.
Torrazza Piemonte (TO), Italy